(c) 2017 Gumdrop Press

Alle Rechte vorbehalten.

ISBN-13: 978-1-945887-19-2

ISBN-10: 1-945887-19-2

Kein Teil dieses Buches darf in irgendeiner Form ohne die schriftliche Genehmigung des Autors oder Herausgebers reproduziert werden.

2018

Januar

Mo	Di	Mi	Do	Fr	Sa	So
1 Neujahrstag	2	3	4	5	6 Heilige Drei Könige	7
8	9	10	11	12	13	14
15	16	17	18	19	20	21
22	23	24	25	26	27	28
29	30	31				

2018

Mo	Di	Mi	Do	Fr	Sa	So
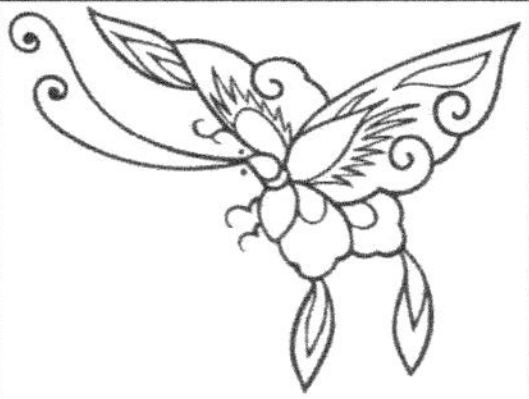 	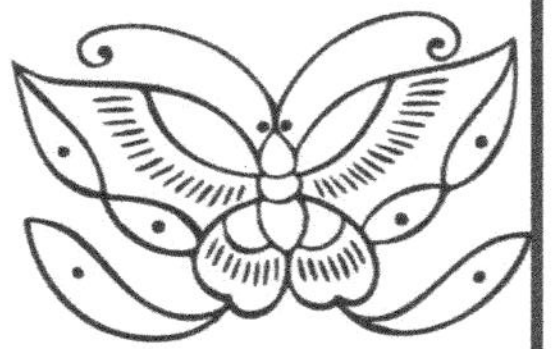	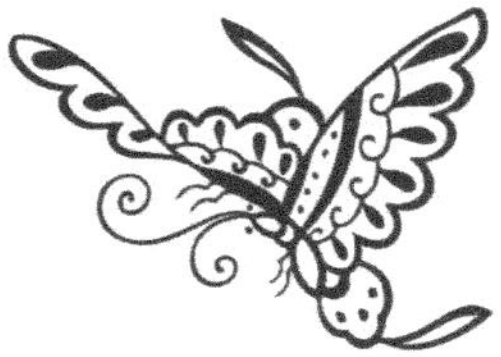	1	2	3	4
5	6	7	8	9	10	11
12 Rosenmontag	13 Faschingsdienstag	14 Aschermittowch / Valentinstag	15	16	17	18
19	20	21	22	23	24	25
26	27	28	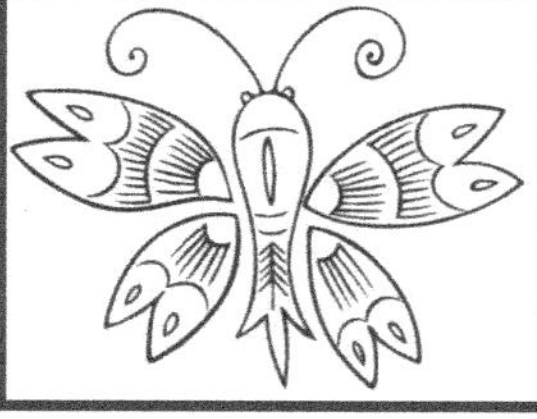	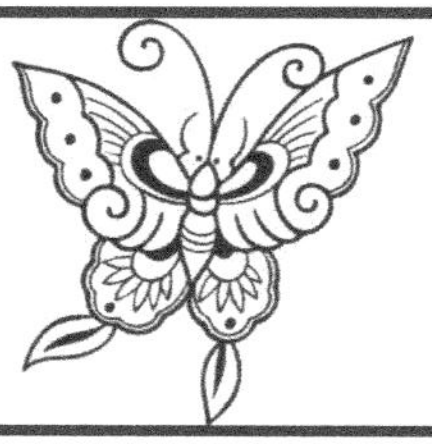	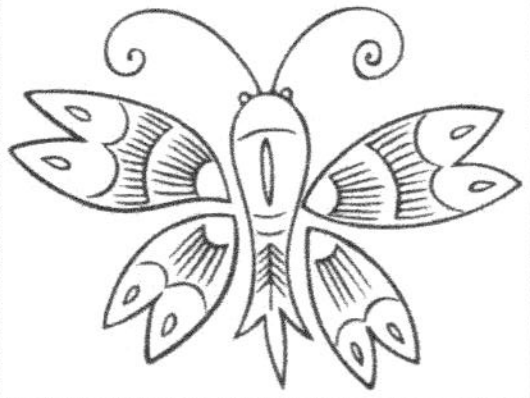	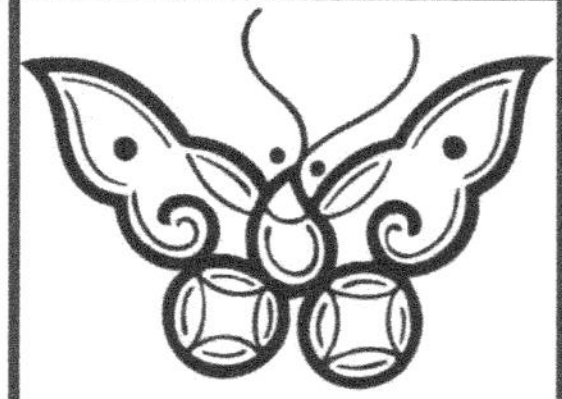 

2018

März

Mo	Di	Mi	Do	Fr	Sa	So
 	 		1	2	3	4
5	6	7	8	9	10	11
12	13	14	15	16	17	18
19	20	21	22	23	24	25 Palmsonntag
26	27	28	29 Gründonnerstag	30 Karfreitag	31	

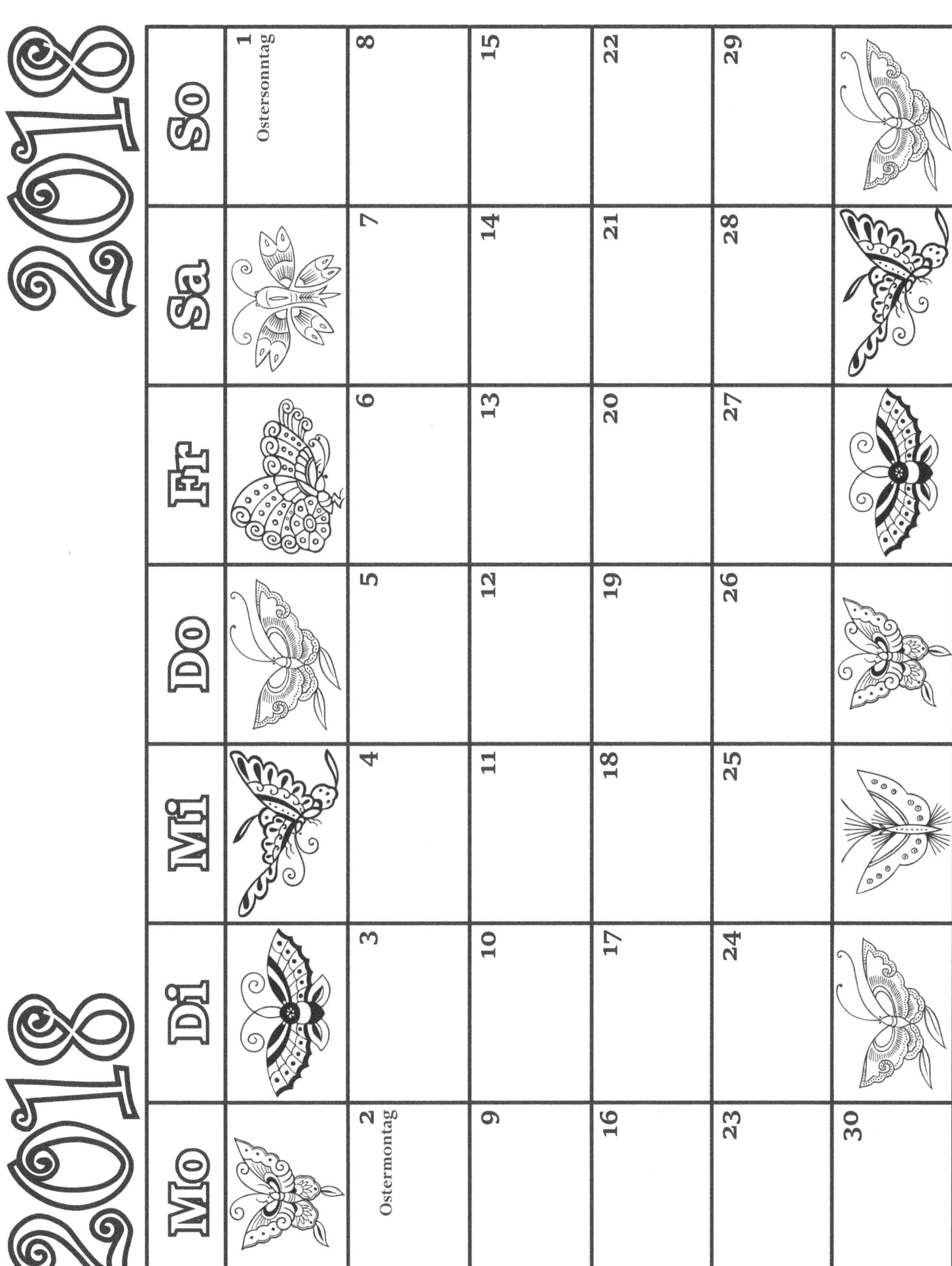

2018 — Mai

Mo	Di	Mi	Do	Fr	Sa	So
 	**1** Tag der Arbeit	**2**	**3**	**4**	**5**	**6**
7	**8**	**9**	**10** Christi Himmelfahrt	**11**	**12**	**13** Muttertag
14	**15**	**16**	**17**	**18**	**19**	**20** Pfingstsonntag
21 Pfingstmontag	**22**	**23**	**24**	**25**	**26**	**27**
28	**29**	**30**	**31** Fronleichnam			

2018 2018

Mo	Di	Mi	Do	Fr	Sa	So
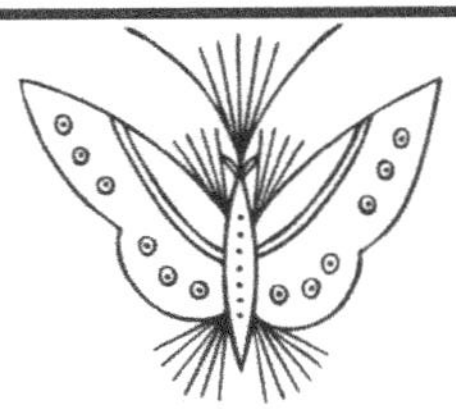	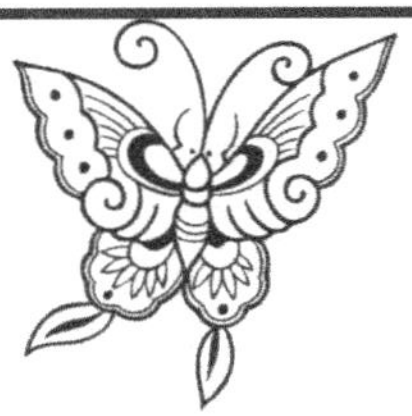	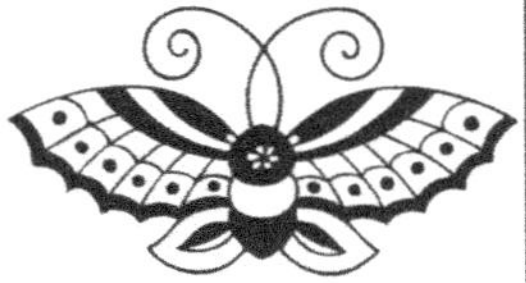	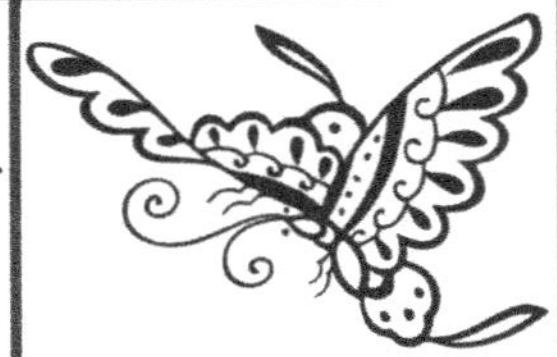	1	2	3
4	5	6	7	8	9	10
11	12	13	14	15	16	17 Vatertag
18	19	20	21	22	23	24
25	26	27	28	29	30	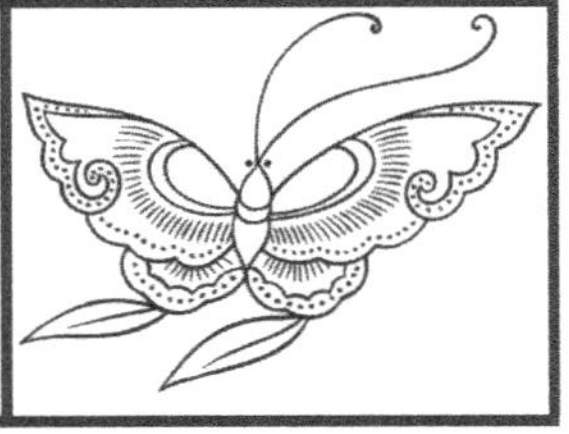

2018

Juli

Mo	Di	Mi	Do	Fr	Sa	So
						1
2	3	4	5	6	7	8
9	10	11	12	13	14	15
16	17	18	19	20	21	22
23	24	25	26	27	28	29
30	31					

2018 — August

Mo	Di	Mi	Do	Fr	Sa	So
		1	2	3	4	5
6	7	8	9	10	11	12
13	14	15 **Mariä Himmelfahrt**	16	17	18	19
20	21	22	23	24	25	26
27	28	29	30	31		

2018

Mo	Di	Mi	Do	Fr	Sa	So
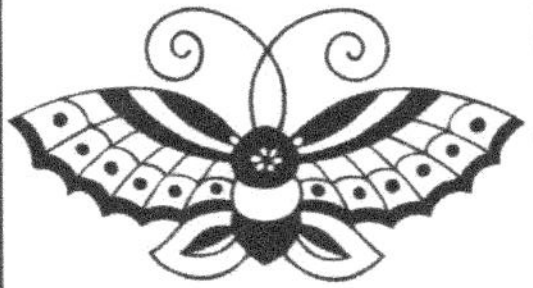	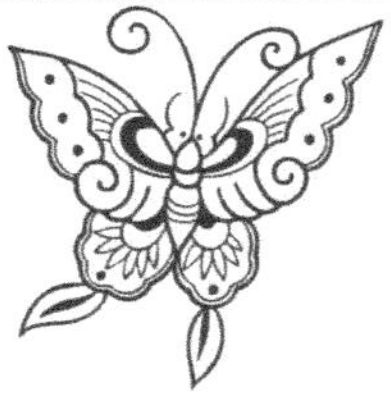	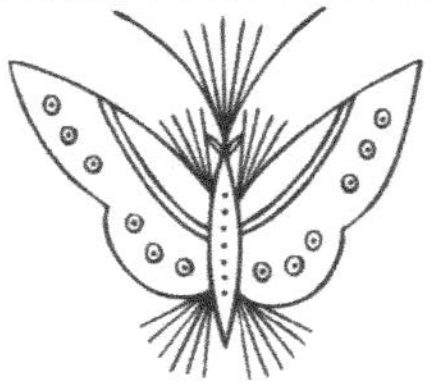	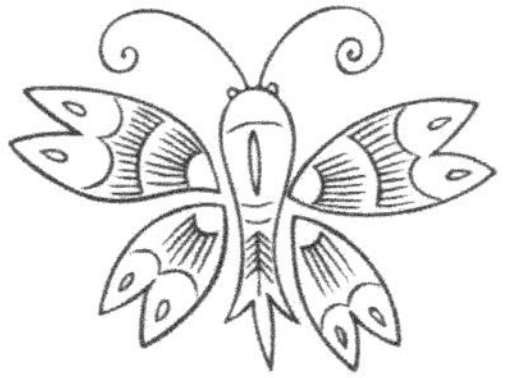	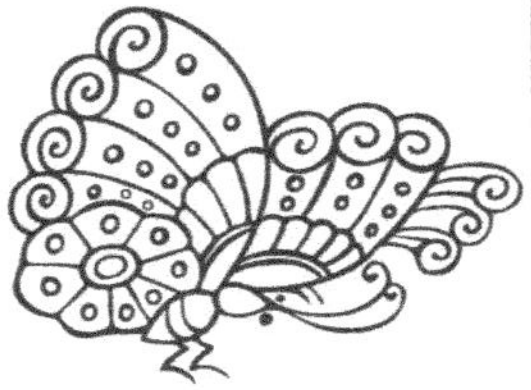	1	2
3	4	5	6	7	8	9
10	11	12	13	14	15	16
17	18	19	20	21	22	23
24	25	26	27	28	29	30

2018 2018

Mo	Di	Mi	Do	Fr	Sa	So
1	2	3 Tag der Deutschen Einheit	4	5	6	7
8	9	10	11	12	13	14
15	16	17	18	19	20	21
22	23	24	25	26	27	28
29	30	31 Reformationstag / Halloween	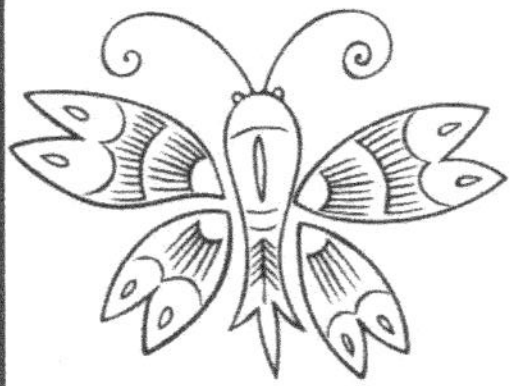	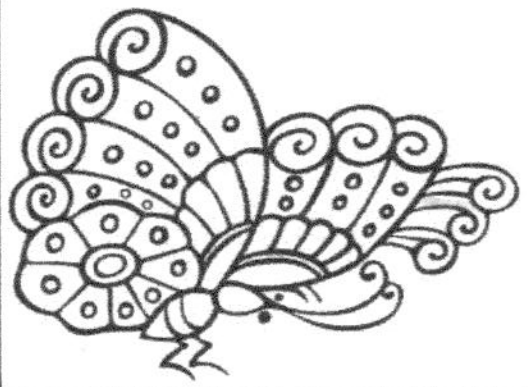	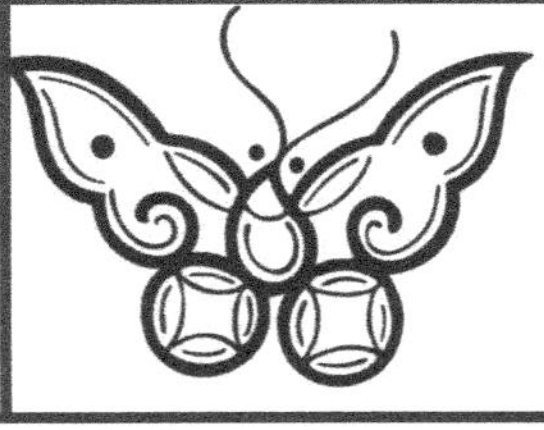	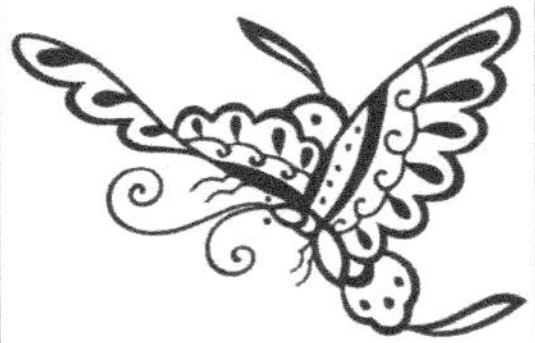

2018

Mo	Di	Mi	Do	Fr	Sa	So
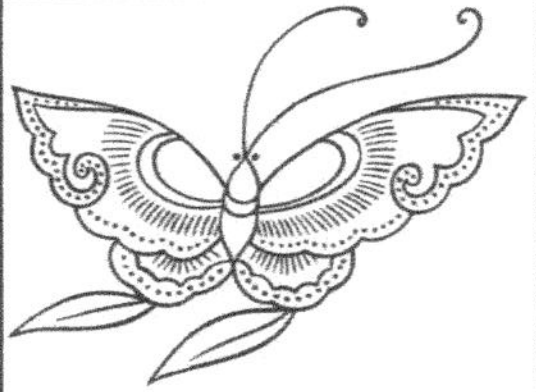 	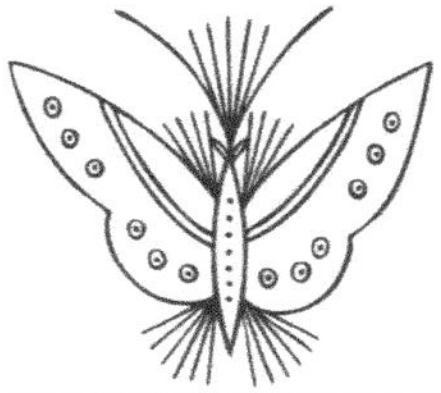 	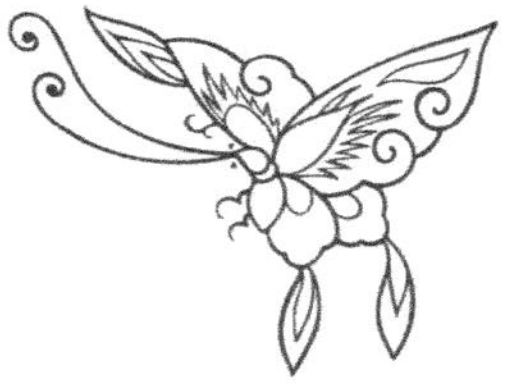	**1** Allerheiligen	**2**	**3**	**4**
5	**6**	**7**	**8**	**9**	**10**	**11** St. Martin
12	**13**	**14**	**15**	**16**	**17**	**18** Volkstrauertag
19	**20**	**21** Buß- und Bettag	**22**	**23**	**24**	**25** Totensonntag
26	**27**	**28**	**29**	**30**	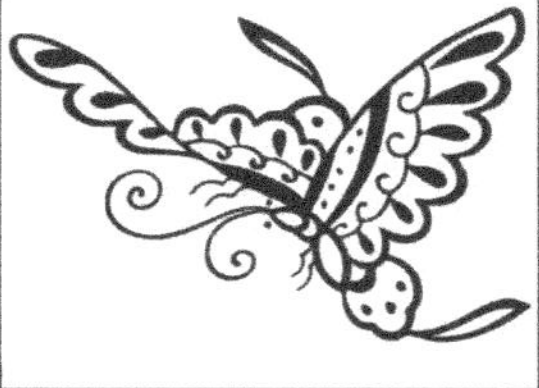	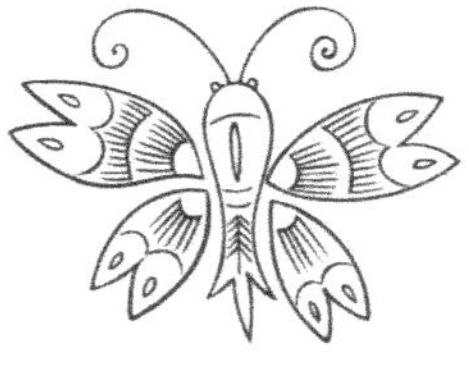

2018

Mo	Di	Mi	Do	Fr	Sa	So
					1	2 Erster Advent
3	4	5	6 Nikolaustag	7	8	9 Zweiter Advent
10	11	12	13	14	15	16 Dritter Advent
17	18	19	20	21	22	23 Vierter Advent
24 Heiligabend	25 Weihnachten	26 Zweiter Weihnachtsfeiertag	27	28	29	30
31 Silvester						

www.ingramcontent.com/pod-product-compliance
Lightning Source LLC
Chambersburg PA
CBHW081204020426
42333CB00020B/2622